AF219547

Impressum
Verlag: BABADADA GmbH, Nedderfeld 112 , 22529 Hamburg
Geschäftsführer / Verlagsleitung: Harald Hof
Druck: Books on Demand GmbH, In de Tarpen 42, 22848 Norderstedt

Imprint
Publisher: BABADADA GmbH, Nedderfeld 112 , 22529 Hamburg, Germany
Managing Director / Publishing direction: Harald Hof
Print: Books on Demand GmbH, In de Tarpen 42, 22848 Norderstedt

kugawanya
dividieren

186/2

sajili
das Klassenzimmer

ubao
die Tafel

eneo la shule
der Schulhof

mwalimu
der Lehrer

karatasi
das Papier

kuandika
schreiben

kalamu
der Stift

dawati
der Schreibtisch

rula
das Lineal

kitabu
das Buch

mwanafunzi
die Schüler

mkoba

der Ranzen

kikasha cha penseli

die Federmappe

penseli

der Bleistift

kichonga penseli

der Bleistiftanspitzer

mpira

das Radiergummi

pedi ya kuchora

der Zeichenblock

uchoraji

die Zeichnung

brashi ya rangi

der Pinsel

sanduku la rangi

der Malkasten

mkasi

die Schere

gundi

der Klebstoff

daftari

das Übungsheft

kazi ya nyumbani

die Hausaufgabe

12

nambari

die Zahl

2+2

jumlisha

addieren

5-2

ondoa

subtrahieren

2×2

zidisha

multiplizieren

kokotoa

rechnen

A

barua

der Buchstabe

ABCDEFG HIJKLMN OPQRSTU VWXYZ

alfabeti

das Alphabet

hello

neno

das Wort

maandishi

der Text

kusoma

lesen

chaki

die Kreide

somo

die Stunde

sajili

das Klassenbuch

uchunguzi

die Prüfung

cheti

das Zeugnis

sare za shule

die Schuluniform

elimu

die Ausbildung

elezo

das Lexikon

chuo kikuu

die Universität

darubini

das Mikroskop

ramani

die Karte

kikapu cha kuweka karatasi chafu

der Papierkorb

shule - die Schule

hoteli
das Hotel

hosteli
die Herberge

ofisi ya ubadilishanaji
die Wechselstube

sanduku
der Koffer

gari
das Auto

lugha
die Sprache

ndiyo / la
ja / nein

sawa
Okay

hujambo
Hallo

mtafsiri
der Übersetzer

Asante
Danke

kiasi gani ni ...?

Was kostet...?

Sielewi

Ich verstehe nicht

tatizo

das Problem

Jioni njema!

Guten Abend!

Habari za asubuhi!

Guten Morgen!

Usiku mwema!

Gute Nacht!

kwa heri

Auf Wiedersehen

mwelekeo

die Richtung

mizigo

das Gepäck

mfuko

die Tasche

shanta

der Rucksack

mgeni

der Gast

chumba

das Zimmer

begi la kulalia

der Schlafsack

hema

das Zelt

usafiri - die Reise

taarifa ya utalii

die Touristeninformation

ufuo

der Strand

kadi

die Kreditkarte

kifunguakinywa

das Frühstück

chakula cha mchana

das Mittagessen

chakula cha jioni

das Abendessen

tiketi

die Fahrkarte

kuinua

der Fahrstuhl

muhuri

die Briefmarke

mpaka

die Grenze

mila

der Zoll

ubalozi

die Botschaft

visa

das Visum

pasipoti

der Pass

ndege
das Flugzeug

meli
das Schiff

injini ya moto
das Feuerwehrauto

basi
der Bus

lori
der Lastwagen

motaboti
das Motorboot

baiskeli
das Fahrrad

gari
das Auto

feri

die Fähre

mashua

das Boot

pikipiki

das Motorrad

gari la polisi

das Polizeiauto

gari la mashindano

das Rennauto

gari la kukodisha

der Mietwagen

kushiriki gari

das Carsharing

lori la kuvuta

der Abschleppwagen

ukusanyaji taka

das Müllauto

motor

der Motor

mafuta

der Kraftstoff

kituo cha mafuta

die Tankstelle

ishara trafiki

das Verkehrsschild

trafiki

der Verkehr

msongamano

der Stau

maegesho

der Parkplatz

kituo cha treni

der Bahnhof

reli

die Schienen

garimoshi

der Zug

tremu

die Straßenbahn

gari la mizigo

der Wagon

helikopta

der Helikopter

uwanja wa ndege

der Flughafen

mnara

der Tower

abiria

der Passagier

chombo

der Container

katoni

der Karton

mkokoteni

der Karren

kikapu

der Korb

ondoka

starten / landen

jiji

die Stadt

kijiji

das Dorf

katikati ya jiji

das Stadtzentrum

nyumba

das Haus

sinema
das Kino

tangazo
die Werbung

taa za mitaani
die Straßenlaterne

barabara
die Straße

teksi
das Taxi

duka la vitafunio
der Kiosk

mtembea kwa miguu
der Fußgänger

njia ya waenda kwa miguu
der Bürgersteig

kivuko
der Zebrastreifen

pipa
die Mülltonne

kuvuka
die Kreuzung

taa za trafiki
die Ampel

CINEMA

kibanda
die Hütte

gorofa
die Wohnung

kituo cha treni
der Bahnhof

ukumbi wa mji
das Rathaus

Makavazi
das Museum

shule
die Schule

chuo kikuu

die Universität

benki

die Bank

hospitali

das Krankenhaus

hoteli

das Hotel

duka la dawa

die Apotheke

ofisi

das Büro

duka la kitabu

die Buchhandlung

duka

das Geschäft

duka la maua

der Blumenladen

dukakuu

der Supermarkt

soko

der Markt

idara ya kuhifadhi

das Kaufhaus

mwuza samaki

der Fischhändler

kituo cha ununuzi

das Einkaufszentrum

bandari

der Hafen

Hifadhi

der Park

benki

die Bank

daraja

die Brücke

vidato

die Treppe

chini ya ardhi

die U-Bahn

handaki

der Tunnel

kituo cha mabasi

die Bushaltestelle

bar

die Bar

mgahawa

das Restaurant

sanduku la posta

der Briefkasten

ishara ya barabara

das Straßenschild

mita ya maegesho

die Parkuhr

bustani ya wanyama

der Zoo

kidimbwi cha kuogelea

die Badeanstalt

msikiti

die Moschee

shamba

der Bauernhof

uchafuzi

die Umweltverschmutzung

makaburini

der Friedhof

kanisa

die Kirche

uwanja wa michezo

der Spielplatz

hekalu

der Tempel

mazingira
die Landschaft

jani
das Blatt

ishara ya mwelekeo
der Wegweiser

njia
der Weg

malisho
die Wiese

jiwe
der Stein

mtembeaji wa masafa
der Wanderer

mti
der Baum

mto
der Fluss

nyasi
das Gras

ua
die Blume

bonde

das Tal

kilima

der Berg

ziwa

der See

msitu

der Wald

jangwa

die Wüste

volkano

der Vulkan

ngome

das Schloss

upinde wa mvua

der Regenbogen

uyoga

der Pilz

mtende

die Palme

mbu

der Moskito

kuruka

die Fliege

chungu

die Ameise

nyuki

die Biene

buibui

die Spinne

mende

der Käfer

chura

der Frosch

kuchakuro

das Eichhörnchen

nungunungu

der Igel

sungura

der Hase

bundi

die Eule

ndege

die Vogel

swan

der Schwan

nguruwe mwitu

das Wildschwein

kulungu

der Hirsch

aina ya kongoni

der Elch

bwawa

der Staudamm

tabo ya upepo

das Windrad

nishaji ya jua

das Solarmodul

hali ya hewa

das Klima

mhudumu
der Kellner

menyu
die Speisekarte

kiti
der Stuhl

supu
die Suppe

piza
die Pizza

kitambaa cha mezani
die Tischdecke

vilia
das Besteck

kiamsha hamu

die Vorspeise

kozi kuu

das Hauptgericht

kitindamlo

die Nachspeise

vinywaji

die Getränke

chakula

das Essen

chupa

die Flasche

chakula cha haraka

das Fastfood

Streetfood

das Streetfood

buli

die Teekanne

kisanduku cha sukari

die Zuckerdose

sehemu

die Portion

mashine ya espresso

die Espressomaschine

kiti kirefu

der Hochstuhl

muswada

die Rechnung

trei

das Tablett

kisu

das Messer

uma

die Gabel

kijiko

der Löffel

kijiko cha chai

der Teelöffel

nepi

die Serviette

glasi

das Glas

sahani

der Teller

sahani ya supu

der Suppenteller

sufuria

die Untertasse

mchuzi

die Sauce

kichanyaji chumvi

der Salzstreuer

kinu cha pilipili

die Pfeffermühle

siki

der Essig

mafuta

das Öl

viungo

die Gewürze

kechapu

das Ketchup

haradali

der Senf

kachumbari nzito

die Mayonnaise

ofa maalum
das Angebot

mteja
der Kunde

maziwa
die Milchprodukte

matunda
das Obst

toroli
der Einkaufswagen

mchinjaji

die Schlachterei

mwokaji

die Bäckerei

uzito

wiegen

mboga

das Gemüse

nyama

das Fleisch

chakula waliohifadhiwa

die Tiefkühlkost

vipande vya nyama baridi

der Aufschnitt

chakula cha kopo

die Konserven

sabuni ya unga

das Waschmittel

pipi

die Süßigkeiten

bidhaa za kaya

die Haushaltsartikel

bidhaa za kusafisha

das Reinigungsmittel

mtu mauzo

die Verkäuferin

mpaka

die Kasse

keshia

der Kassierer

orodha ya manunuzi

die Einkaufsliste

masaa ya ufunguzi

die Öffnungszeiten

mkoba

die Brieftasche

kadi

die Kreditkarte

mfuko

die Tasche

mfuko wa plastiki

die Plastiktüte

die Getränke

maji

das Wasser

sharubati

der Saft

maziwa

die Milch

coke

die Cola

mvinyo

der Wein

bia

das Bier

pombe

der Alkohol

kakao

der Kakao

chai

der Tee

kahawa

der Kaffee

spreso

der Espresso

kapuchino

der Cappuccino

ndizi

die Banane

tufaha

der Apfel

machungwa

die Orange

tikiti

die Melone

lemon

die Zitrone

karoti

die Karotte

kitunguu saumu

der Knoblauch

mianzi

der Bambus

kitunguu

die Zwiebel

uyoga

der Pilz

karanga

die Nüsse

nudo

die Nudeln

spageti

die Spaghetti

mpunga

der Reis

saladi

der Salat

vibanzi

die Pommes frites

viazi vya kukaanga

die Bratkartoffeln

piza

die Pizza

hambaga

der Hamburger

sandwichi

das Sandwich

kipande

das Schnitzel

paja la mnyama

der Schinken

salami

die Salami

soseji

die Wurst

kuku

das Huhn

choma

der Braten

samaki

der Fisch

oats ya uji

die Haferflocken

muesli

das Müsli

cornflakes

die Cornflakes

unga

das Mehl

kroisanti

das Croissant

andazi

das Brötchen

mkate

das Brot

mkate wa kubanika

der Toast

biskuti

die Kekse

siagi

die Butter

maziwa mgando

der Quark

keki

der Kuchen

yai

das Ei

yai kukaanga

das Spiegelei

jibini

der Käse

aiskrimu

die Eiscreme

sukari

der Zucker

asali

der Honig

jemu

die Marmelade

kuenea kwa chokoleti

die Nougat-Creme

mchuzi wa viungo

das Curry

26   chakula - das Essen

nyumba ya kilimo
das Bauernhaus

majani bale
der Strohballen

ghalani
die Scheune

uwanja
das Feld

farasi
das Pferd

trela
der Anhänger

trekta
der Traktor

mtoto
das Fohlen

punda
der Esel

kondoo
das Schaf

mwanakondoo
das Lamm

mbuzi
die Ziege

ng'ombe
die Kuh

ndama
das Kalb

nguruwe
das Schwein

mwananguruwe
das Ferkel

fahali
der Bulle

batabukini

die Gans

bata

die Ente

kifaranga

das Küken

kuku

das Huhn

jogoo

der Hahn

panya

die Ratte

paka

die Katze

panya

die Maus

ng'ombe

der Ochse

mbwa

der Hund

nyumba ya mbwa

die Hundehütte

bomba la bustani

der Gartenschlauch

debe la kumwagilia maji

die Gießkanne

fyekeo

die Sense

kulima

der Pflug

mundu

die Sichel

jembe

die Hacke

uma wa nyasi

die Mistgabel

shoka

die Axt

toroli

die Schubkarre

kupitia nyimbo

der Trog

chombo cha maziwa

die Milchkanne

gunia

der Sack

ua

der Zaun

imara

der Stall

chafu

das Treibhaus

udongo

der Boden

mbegu

die Saat

mbolea

der Dünger

kivunaji

der Mähdrescher

mavuno

ernten

mavuno

die Ernte

viazi vikuu

die Yamswurzel

ngano

der Weizen

soya

das Soja

viazi

die Kartoffel

mahindi

der Mais

rapa

der Raps

mti wa matunda

der Obstbaum

muhogo

der Maniok

nafaka

das Getreide

chimni
der Schornstein

paa
das Dach

bomba la maji ya mvua
die Regenrinne

dirisha
das Fenster

gareji
die Garage

kengele ya mlangoni
die Klingel

mlango
die Tür

pipa la taka
der Mülleimer

sanduku la barua
der Briefkasten

bustani
der Garten

sebuleni
das Wohnzimmer

bafu
das Badezimmer

jikoni
die Küche

chumba cha kulala
das Schlafzimmer

chumba ya mtoto
das Kinderzimmer

chumba cha kulia
das Esszimmer

sakafu

der Boden

ukuta

die Wand

dari

die Decke

pishi

der Keller

sauna

die Sauna

roshani

der Balkon

mtaro

die Terrasse

kidimbwi

das Schwimmbad

mashine ya kukata nyasi

der Rasenmäher

karatasi

der Bettbezug

kitambaa cha kupamba
kitanda

die Bettdecke

kitanda

das Bett

ufagio

der Besen

ndoo

der Eimer

kubadili

der Schalter

mandhari
die Tapete

picha
das Bild

taa
die Lampe

rafu
das Regal

kabati
der Schrank

mekoni
der Kamin

televisheni/runinga
der Fernseher

ua
die Blume

mto
das Kissen

sofa
das Sofa

chombo cha maua
die Vase

kitenzambali
die Fernbedienung

zulia

der Teppich

pazia

der Vorhang

meza

der Tisch

kiti

der Stuhl

kiti cha bembea

der Schaukelstuhl

armchair

der Sessel

kitabu

das Buch

blanketi

die Decke

mapambo

die Dekoration

kuni

das Feuerholz

filamu

der Film

kifaa cha hi-fi

die Stereoanlage

ufunguo

der Schlüssel

gazeti

die Zeitung

uchoraji

das Gemälde

bango

das Poster

redio

das Radio

daftari

der Notizblock

kifyonza

der Staubsauger

dungusi kakati

der Kaktus

mshumaa

die Kerze

jokofu
der Kühlschrank

kikanza
die Mikrowelle

wadogo jikoni
die Küchenwaage

kibaniko
der Toaster

sabuni
das Reinigungsmittel

stovu
der Backofen

friza
das Gefrierfach

pipa la taka
der Mülleimer

mashine ya kuoshea vyombo
der Geschirrspüler

jiko la kupika

der Herd

chungu

der Topf

sufuria ya chuma

der Eisentopf

wok / kadai

der Wok / Kadai

kaango

die Pfanne

birika

der Wasserkocher

stima

der Dampfgarer

sinia ya kuoka

das Backblech

vyombo vya udongo

das Geschirr

kombe

der Becher

bakuli

die Schale

vijiti vya kulia

die Essstäbchen

ukawa

die Suppenkelle

mwiko mpana

der Pfannenwender

burashi

der Schneebesen

kichujio

das Kochsieb

chujio

das Sieb

mbuzi

die Reibe

chokaa

der Mörser

barbeque

der Grill

moto wazi

die Feuerstelle

ubao wa majaribio

das Schneidebrett

kijiti cha kusukuma unga

das Nudelholz

kizibuo

der Korkenzieher

kopo

die Dose

inaweza kopo

der Dosenöffner

kishikio cha chungu

der Topflappen

karo

das Waschbecken

brashi

die Bürste

sifongo

der Schwamm

kisagaji matunda

der Mixer

friji ya kina

die Gefriertruhe

chupa ya mtoto

die Babyflasche

bomba

der Wasserhahn

joto
die Heizung

mfereji wa kuogea
die Dusche

taulo
das Handtuch

pazia la kuogea
der Duschvorhang

maji ya kuoga yenye povu
das Schaumbad

hodhi
die Badewanne

glasi
das Glas

mashine ya kuosha
die Waschmaschine

bomba
der Wasserhahn

vigae
die Fliesen

poti
das Töpfchen

karo
das Waschbecken

choo
die Toilette

choo cha squat
die Hocktoilette

beseni la mviringo
das Bidet

choo cha umma
das Pissoir

shashi
das Toilettenpapier

brashi ya choo
die Toilettenbürste

mswaki

die Zahnbürste

dawa ya meno

die Zahnpasta

dawa ya meno

die Zahnseide

safisha

waschen

kuoga mkono

die Handbrause

msukumo wa maji

die Intimdusche

bonde

die Waschschüssel

mpako wa pili

die Rückenbürste

sabuni

die Seife

jeli ya kuogea

das Duschgel

shampuu

das Shampoo

flana

der Waschlappen

toa maji

der Abfluss

krimu

die Creme

kiondoa harufu

das Deodorant

kioo

der Spiegel

kioo mkono

der Kosmetikspiegel

kinyozi

der Rasierer

povu la kunyoa

der Rasierschaum

baada ya kunyoa

das Rasierwasser

kichana

der Kamm

brashi

die Bürste

kikausha nywele

der Föhn

marashi ya nyewele

das Haarspray

vipodozi

das Makeup

kidomwa

der Lippenstift

varnish ya msumari

der Nagellack

pamba

die Watte

mkasi wa kucha

die Nagelschere

manukato

das Parfum

mkoba wa kuosha

der Kulturbeutel

kinyesi

der Hocker

mizani

die Waage

nguo ya kuoga

der Bademantel

glavu za mpira

die Gummihandschuhe

kisodo

das Tampon

sodo

die Damenbinde

kemikali choo

die Chemietoilette

saa ya kengele
der Wecker

kidoli cha kupakata
das Kuscheltier

gari bandia
das Spielzeugauto

kelele
die Rassel

chumba cha midoli
das Puppenhaus

sasa
das Geschenk

baluni

der Ballon

kitanda

das Bett

mashua

der Kinderwagen

staha ya kadi

das Kartenspiel

mchezo-fumb

das Puzzle

vichekesho

der Comic

matofali lego
die Legosteine

vitalu mwigo
die Bausteine

hatua takwimu
die Action Figur

suti ya kulalia
der Strampelanzug

kisahani
das Frisbee

simu
das Mobile

ubao wa michezo
das Brettspiel

kete
der Würfel

garimoshi mwigo
die Modelleisenbahn

dummy
der Schnuller

chama
die Party

picha kitabu
das Bilderbuch

mpira
der Ball

kikaragosi
die Puppe

kucheza
spielen

shimo la mchanga

der Sandkasten

bembea

die Schaukel

vitu bandia

das Spielzeug

kiweko cha video ya mchezo

die Spielkonsole

baiskeli ya magurudumu

das Dreirad

matatu

mwanasesere

der Teddy

kabati

der Kleiderschrank

nguo

die Kleidung

soksi

die Socken

stokingi

die Strümpfe

kibano

die Strumpfhose

skafu
der Schal

mwavuli
der Regenschirm

fulana
das T-Shirt

ukanda
der Gürtel

viatu
der Stiefel

ndara
die Hausschuhe

wakufunzi
die Turnschuhe

malapa
die Sandalen

viatu
die Schuhe

mabuti ya mpira
die Gummistiefel

suruali ya ndani
die Unterhose

sidiria
der Büstenhalter

fulana
das Unterhemd

nguo - die Kleidung

mwili

der Body

suruali

die Hose

dangirizi

die Jeans

sketi

der Rock

blauzi

die Bluse

shati

das Hemd

vuta

der Pullover

sweta

der Kapuzenpullover

bleza

der Blazer

jaketi

die Jacke

koti

der Mantel

koti la mvua

der Regenmantel

maleba

das Kostüm

gauni

das Kleid

mavazi ya harusi

das Hochzeitskleid

suti

der Anzug

vazi la usiku

das Nachthemd

pajama

der Schlafanzug

sari

der Sari

skafu

das Kopftuch

kilemba

der Turban

burka

die Burka

kaftan

der Kaftan

abaya

die Abaya

vazi la kuogelea

der Badeanzug

vazi la kiume la kuogelea

die Badehose

kaptura

die kurze Hose

teitei

der Trainingsanzug

aproni

die Schürze

glavu

die Handschuhe

kifungo

der Knopf

glasi

die Brille

bangili

das Armband

mkufu

die Halskette

pete

der Ring

herini

der Ohrring

kofia

die Mütze

kiango cha koti

der Kleiderbügel

kofia

der Hut

tai

die Krawatte

zipu

der Reißverschluss

kofia

der Helm

kanda za suruali

der Hosenträger

sare za shule

die Schuluniform

sare

die Uniform

bibu

das Lätzchen

dummy

der Schnuller

nepi

die Windel

seva
der Server

kabati la kuweka faili
der Aktenschrank

kichapishaji
der Drucker

kiwambo
der Monitor

karatasi
das Papier

dawati
der Schreibtisch

kipanya
die Maus

folda
der Ordner

kibodi
die Tastatur

u cha kuweka karatasi chafu
apierkorb

kompyuta
der Computer

kiti
der Stuhl

kmobe la kahawa

der Kaffeebecher

kikokotoo

der Taschenrechner

biashara

das Internet

mbali

der Laptop

barua

der Brief

ujumbe

die Nachricht

rununu

das Handy

intaneti

das Netzwerk

fotokopia

der Kopierer

programu

die Software

simu

das Telefon

soketi

die Steckdose

kipepesi

das Fax

fomu

das Formular

hati

das Dokument

kununua

kaufen

kulipa

bezahlen

biashara

handeln

fedha

das Geld

dola

der Dollar

yuro

der Euro

yeni

der Yen

rouble

der Rubel

faranga ya Uswisi

der Franken

renminbi yuan

der Renminbi Yuan

rupia

die Rupie

eneo la kulipia

der Geldautomat

ofisi ya ubadilishanaji

die Wechselstube

dhahabu

das Gold

fedha

das Silber

mafuta

das Öl

nishati

die Energie

bei

der Preis

mkataba

der Vertrag

kodi

die Steuer

bidhaa

die Aktie

kazi

arbeiten

mfanyakazi

der Angestellte

mwajiri

der Arbeitgeber

kiwanda

die Fabrik

duka

das Geschäft

afisa wa polisi
der Polizist

mzimamoto
der Feuerwehrmann

mpishi
der Koch

daktari
der Arzt

rubani
der Pilot

mtunza bustani
der Gärtner

seremala
der Tischler

mshonaji
die Näherin

hakimu
der Richter

mwanakemia
der Chemiker

muigizaji
der Schauspieler

dereva wa basi

der Busfahrer

dereva wa teksi

der Taxifahrer

mvuvi

der Fischer

mwanamke wa kusafisha

die Putzfrau

mwezekaji

der Dachdecker

mhudumu

der Kellner

mwindaji

der Jäger

mchoraji

der Maler

mwokaji

der Bäcker

umeme

der Elektriker

mjenzi

der Bauarbeiter

mhandisi

der Ingenieur

mchinjaji

der Schlachter

fundi bomba

der Klempner

mwanaposta

der Postbote

mwanajeshi

der Soldat

msanifu majengo

der Architekt

keshia

der Kassierer

muuza maua

der Florist

msusi

der Friseur

kondakta

der Schaffner

mekanika

der Mechaniker

nahodha

der Kapitän

daktari wa meno

der Zahnarzt

mwanasayansi

der Wissenschaftler

rabbi

der Rabbi

imamu

der Imam

mtawa

der Mönch

kasisi

der Geistliche

nyundo
der Hammer

koleo
die Zange

bisibisi
der Schraubendreher

spana
der Schraubenschlüssel

kurunzi
die Taschenlam

mchimbaji

der Bagger

sanduku la vifaa

der Werkzeugkasten

ngazi

die Leiter

msumeno

die Säge

misumari

die Nägel

kuchimba visima

der Bohrer

kukarabati
reparieren

sepetu
die Schaufel

Lo!
Mist!

kishikio cha uchafu
das Kehrblech

chungu cha rangi
der Farbtopf

skurubu
die Schrauben

ala za muziki
die Musikinstrumente

spika
der Lautsprecher

mpangilio wa ngoma
das Schlagzeug

gita
die Gitarre

besi mara mbili
der Kontrabass

tarumbeta
die Trompete

piano

das Klavier

fidla

die Violine

ubeji

der Bass

timpani

die Pauke

ngoma

die Trommeln

kibodi

das Keyboard

saksafoni

das Saxophon

filimbi

die Flöte

maikrofoni

das Mikrofon

ala za muziki - die Musikinstrumente

simbamarara
der Tiger

lango la kuingia
der Eingang

ngome
der Käfig

pundamilia
das Zebra

chakula cha mifugo
das Tierfutter

panda
der Panda

wanyama
die Tiere

tembo
der Elefant

kangaruu
das Känguruh

kifaru
das Nashorn

sokwe
der Gorilla

dubu
der Bär

ngamia

das Kamel

mbuni

der Strauß

simba

der Löwe

tumbili

der Affe

heroe

der Flamingo

kasuku

der Papagei

dubu

der Eisbär

penguini

der Pinguin

papa

der Hai

tausi

der Pfau

nyoka

die Schlange

mamba

das Krokodil

mtunza wanyama

der Zoowärter

muhuri

die Robbe

jaguar

der Jaguar

mwanafarasi

das Pony

chui

der Leopard

kiboko

das Nilpferd

twiga

die Giraffe

tai

der Adler

nguruwe mwitu

das Wildschwein

samaki

der Fisch

kobe

die Schildkröte

sili

das Walross

mbweha

der Fuchs

paa

die Gazelle

soka ya marekani
das American Football

uendeshaji baiskeli
das Radfahren

tenisi
das Tennis

mpira wa kikapu
der Basketball

kuogelea
das Schwimmen

ndondi
das Boxen

magongo ya barafuni
das Eishockey

soka

der Fußball

vinyoya

das Badminton

riadha

die Leichtathletik

mpira wa mikono

der Handball

skii

das Skilaufen

polo

das Polo

cheka
lachen

kuruka
springen

kumbatia
umarmen

kutembea
gehen

kuimba
singen

ota ndoto
träumen

kuomba
beten

busu
küssen

kuandika

schreiben

kuteka

zeichnen

angalia

zeigen

sukuma

drücken

kutoa

geben

kuchukua

nehmen

kuwa

haben

fanya

tun

kuwa

sein

kusimama

stehen

kukimbia

laufen

vuta

ziehen

kutupa

werfen

kuanguka

fallen

hadaa

liegen

kusubiri

warten

kubeba

tragen

kukaa

sitzen

vaa nguo

anziehen

usingizi

schlafen

kuamka

aufwachen

kuangalia

ansehen

lia

weinen

kiharusi

streicheln

chana nywele

kämmen

ongea

reden

kuelewa

verstehen

kuuliza

fragen

kusikiliza

hören

kunywa

trinken

kula

essen

nadhifisha

aufräumen

upendo

lieben

mpishi

kochen

gari

fahren

kuruka

fliegen

meli

segeln

kokotoa

rechnen

kusoma

lesen

kujifunza

lernen

kazi

arbeiten

kuoa

heiraten

kushona

nähen

piga mswaki

Zähne putzen

kuua

töten

moshi

rauchen

kutuma

senden

bibi
die Großmutter

babu
der Großvater

baba
der Vater

mama
die Mutter

mtoto
das Baby

binti
die Tochter

bin
der Sohn

mgeni

der Gast

shangazi

die Tante

mjomba

der Onkel

kaka

der Bruder

dada

die Schwester

der Körper

paji la uso
die Stirn

jicho
das Auge

bega
die Schulter

kidole
der Finger

uso
das Gesicht

kidevu
das Kinn

mkono
die Hand

matiti
die Brust

mguu
das Bein

mkono
der Arm

mtoto

das Baby

mwanamume

der Mann

mwanamke

die Frau

msichana

das Mädchen

mvulana

der Junge

kichwa

der Kopf

nyuma

der Rücken

tumbo

der Bauch

kitovu

der Nabel

chano

der Zeh

kisigino

die Ferse

mfupa

der Knochen

nyonga

die Hüfte

goti

das Knie

kiwiko

der Ellenbogen

pua

die Nase

chini

das Gesäß

ngozi

die Haut

shavu

die Wange

sikio

das Ohr

mdomo

die Lippe

mwili - der Körper

kinywa

der Mund

jino

der Zahn

ulimi

die Zunge

ubongo

das Gehirn

moyo

das Herz

misuli

der Muskel

pafu

die Lunge

ini

die Leber

tumbo

der Magen

figo

die Nieren

jinsia

der Geschlechtsverkehr

kondomu

das Kondom

ovari

die Eizelle

shahawa

das Sperma

mimba

die Schwangerschaft

hedhi
....
die Menstruation

uke
....
die Vagina

uume
....
der Penis

unyusi
....
die Augenbraue

nywele
....
das Haar

shingo
....
der Hals

hospitali
das Krankenhaus

gari la wagonjwa
der Krankenwagen

kiti cha magurudumu
der Rollstuhl

jeraha
der Bruch

daktari

der Arzt

chumba cha dharura

die Notaufnahme

muuguzi

die Krankenschwester

dharura

der Notfall

kupoteza fahamu

ohnmächtig

maumivu

der Schmerz

kuumia

die Verletzung

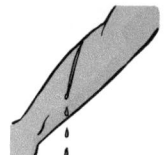

kutokwa na damu

die Blutung

mshtuko wa moyo

der Herzinfarkt

kiharusi

der Schlaganfall

mzio

die Allergie

kikohozi

der Husten

homa

das Fieber

mafua

die Grippe

kuharisha

der Durchfall

maumivu ya kichwa

die Kopfschmerzen

kansa

der Krebs

ugonjwa wa kisukari

die Diabetis

daktari mpasuaji

der Chirurg

kisu kidogo cha kupasulia

das Skalpell

operesheni

die Operation

picha changanufu ya mwili

das CT

Eksrei

das Röntgen

mawimbi sauti

das Ultraschall

barakoa ya uso

die Maske

ugonjwa

die Krankheit

chumba cha kusubiri

das Wartezimmer

mkongojo

die Krücke

plasta

das Pflaster

bendeji

der Verband

sindano

die Injektion

stetoskopu

das Stethoskop

machela

die Trage

kipimajoto cha kliniki

das Thermometer

kuzaliwa

die Geburt

unene kupita kiasi

das Übergewicht

kusikia misaada

das Hörgerät

kipukusi

das Desinfektionsmittel

maambukizi

die Infektion

virusi

das Virus

VVU / UKIMWI

das HIV / AIDS

dawa

die Medizin

chanjo

die Impfung

vidonge

die Tabletten

kidonge

die Pille

simu ya dharura

der Notruf

haemodainamometa

das Blutdruck-Messgerät

mgonjwa / mwenye afya

krank / gesund

Msaada!

Hilfe!

kengele

der Alarm

pigo

der Überfall

shambulizi

der Angriff

hatari

die Gefahr

lango la dharura

der Notausgang

Moto!

Feuer!

kizima moto

der Feuerlöscher

ajali

der Unfall

vifaa vya huduma ya
kwanza

der Erste-Hilfe-Koffer

wito wa msaada

SOS

polisi

die Polizei

Ulaya

das Europa

Amerika ya Kaskazini

das Nordamerika

Amerika ya Kusini

das Südamerika

Afrika

das Afrika

Asia

das Asien

Australia

das Australien

Atlantiki

der Atlantik

Pasifiki

der Pazifik

Bahari ya Hindi

der Indische Ozean

Bahari ya Antaktiki

der Antarktische Ozean

Bahari ya Aktiki

der Arktische Ozean

Ncha ya Kaskazini

der Nordpol

Ncha ya Kusini

der Südpol

Antaktika

die Antarktis

dunia

die Erde

nchi

das Land

bahari

das Meer

kisiwa

die Insel

taifa

die Nation

jimbo

der Staat

uso wa saa

das Zifferblatt

akrabu ya saa

der Stundenzeiger

akrabu ya dakika

der Minutenzeiger

akrabu ya sekunde

der Sekundenzeiger

Ni saa ngapi?

Wie spät ist es?

siku

der Tag

wakati

die Zeit

sasa

jetzt

saa ya dijitali

die Digitaluhr

dakika

die Minute

saa

die Stunde

Jumatatu
der Montag

Jumatano
der Mittwoch

Ijumaa
der Freitag

Jumanne
der Dienstag

Jumamosi
der Samstag

Alhamisi
der Donnerstag

Jumapili
der Sonntag

jana

gestern

leo

heute

kesho

morgen

asubuhi

der Morgen

saa sita mchana

der Mittag

jioni

der Abend

siku za biashara

die Arbeitstage

mwishoni mwa wiki

das Wochenende

mvua
der Regen

upinde wa mvua
der Regenbogen

theluji
der Schnee

upepo
der Wind

majira ya machipuko
der Frühling

vuli
der Herbst

kiangazi
der Sommer

majira ya baridi
der Winter

4.APRIL	11°	☀
5.APRIL	4°	☁
6.APRIL	13°	☂
7.APRIL	8°	❄
8.APRIL	10°	☀

utabiri wa hali ya hewa

die Wettervorhersage

kipimajoto

das Thermometer

mwanga wa jua

der Sonnenschein

wingu

die Wolke

ukungu

der Nebel

unyevu

die Luftfeuchtigkeit

umeme

der Blitz

radi

der Donner

dhoruba

der Sturm

mvua ya mawe

der Hagel

monsuni

der Monsun

mafuriko

die Flut

barafu

das Eis

Januari

der Januar

Februari

der Februar

Machi

der März

Aprili

der April

Mei

der Mai

Juni

der Juni

Julai

der Juli

Agosti

der August

Septemba

der September

Oktoba

der Oktober

Novemba

der November

Desemba

der Dezember

maumbo
die Formen

mduara

der Kreis

mraba

das Quadrat

mstatili

das Rechteck

pembetatu

das Dreieck

nyanja

die Kugel

mchemraba

der Würfel

nyeupe

weiß

manjano

gelb

chungwa

orange

rangi ya waridi

pink

nyekundu

rot

hudhurungi

lila

bluu

blau

kijani

grün

hanja

braun

jivujivu

grau

nyeusi

schwarz

mengi / kidogo

viel / wenig

hasira / pole

wütend / friedlich

nzuri / mbaya

hübsch / hässlich

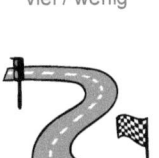

mwanzo / mwisho

der Anfang / das Ende

kubwa / ndogo

groß / klein

angavu / giza

hell / dunkel

kaka / dada

der Bruder / die Schwester

safi / chafu

sauber / schmutzig

kamilika / tokamilika

vollständig / unvollständig

siku / usiku

der Tag / die Nacht

wafu / hai

tot / lebendig

pana / nyembamba

breit / schmal

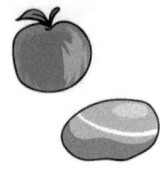

kulika / kutolika

genießbar / ungenießbar

ovu / ema

böse / freundlich

sisimkwa / udhika

aufgeregt / gelangweilt

nene / nyembamba

dick / dünn

kwanza / mwisho

zuerst / zuletzt

rafiki / adui

der Freund / der Feind

jaa / tupu

voll / leer

ngumu / laini

hart / weich

nzito / nyepesi

schwer / leicht

njaa / kiu

der Hunger / der Durst

mgonjwa / mwenye afya

krank / gesund

haramu / kisheria

illegal / legal

akili / kijinga

intelligent / dumm

kushoto / kulia

links / rechts

karibu / mbali

nah / fern

mpya / kutumika

neu / gebraucht

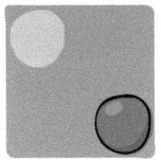

kitu / jambo

nichts / etwas

zee / changa

alt / jung

waka / zima

an / aus

wazi / fungwa

offen / geschlossen

utulivu / kelele

leise / laut

tajiri / masikini

reich / arm

sahihi / kosa

richtig / falsch

mbaya / laini

rau / glatt

huzunika / furahia

traurig / glücklich

fupi /ndefu

kurz / lang

polepole / haraka

langsam / schnell

nyevu / kavu

nass / trocken

joto / baridi

warm / kühl

vita / amani

der Krieg / der Frieden

0

sufuri

null

1

moja

eins

2

mbili

zwei

3

tatu

drei

4

nne

vier

5

tano

fünf

6

sita

sechs

7

saba

sieben

8

nane

acht

9

tisa

neun

10

kumi

zehn

11

kumi na moja

elf

12

kumi na mbili

zwölf

13

kumi na tatu

dreizehn

14

kumi na nne

vierzehn

15

kumi na tano

fünfzehn

16

kumi na sita

sechzehn

17

kumi na saba

siebzehn

18

kumi na nane

achtzehn

19

kumi na tisa

neunzehn

20

ishirini

zwanzig

100

mia

hundert

1.000

elfu

tausend

1.000.000

milioni

million

Kiingereza

Englisch

Kiingereza cha Marekani

Amerikanisches Englisch

Kimandarini cha Uchina

Chinesisch Mandarin

Kihindi

Hindi

Kihispania

Spanisch

Kifaransa

Französisch

Kiarabu

Arabisch

Kirusi

Russisch

Kireno

Portugiesisch

Kibengali

Bengalisch

Kijerumani

Deutsch

Kijapani

Japanisch

mimi

ich

wewe

du

yeye / yeye / ni

er / sie / es

sisi

wir

wewe

ihr

wao

sie

nani?

wer?

nini?

was?

jinsi gani?

wie?

wapi?

wo?

lini?

wann?

jina

Name

nyuma

hinter

katika

in

mbele ya

vor

juu ya

über

kwenye

auf

chini ya

unter

kando

neben

kati

zwischen

mahali

der Ort